EMG3-0233
合唱楽譜＜J-POP＞

J-POP
CHORUS PIECE

合唱で歌いたい！J-POPコーラスピース

混声3部合唱

贈る言葉

作詞・作曲：GReeeeN　合唱編曲：榎本智史

••• 曲目解説 •••

GReeeeNが歌う、2018年にリリースされた映画「走れ！T校バスケット部」主題歌です。
仲間と離れてしまう旅立ちのときに聴きたい一曲。

贈る言葉

作詞・作曲：GReeeeN　合唱編曲：榎本智史

贈る言葉

作詞：GReeeeN

これからみんなへ贈る言葉　沢山の『涙』『笑顔』を誇れよ
僕ららしく明日(あす)を迎えに　さあ　いざいこう

ラララ、、、

夢描(えが)いては語り合った日に　夕焼けに照らされた横顔
あの日僕らの毎日はずっと　続くと思ってた

僕らまるでパズルのピース　初めは知らないもの同士
「起立　気をつけ、礼」　以後全て　仲深めてきたんだ毎日
ああ　悔し涙も嬉し涙ともに流した友へ　かけがえのない日々をくれた

『涙』はみんなへ贈る言葉　沢山の出来事を越えて今日だ
きっとまたいつか逢うまで　さあ　いざいこう

あの日君と出逢えて良かったよ　特別な想い出をアリガトウ
誰かじゃなく君達だったから　今日を迎えた

一人一人がゴールの違う旅で目指す先遠く
変わるのも　変わらないのも　全部　次逢う時に聞かせて
ああ　心の奥の一番大事くれた友よ　なんかあったらひとりにしない！

『笑顔』はみんなへ贈る言葉　沢山の出来事を越えて今日だ
きっとまたいつか逢うまで　さあ　いざいこう

『サヨナラ』みんなへ贈る言葉　沢山の出来事を越えて今日だ
きっとまたいつか逢うまで　届けよ　届けよ
届けよう

『アリガトウ』みんなへ贈る言葉　沢山の出来事を越えてこれた
きっとまたいつか逢うまで　旅に出るのさ

それじゃそろそろもう行かなくちゃ　次の街にはもう君はいないけど
今日までの全部全部を　込めたありがとう
本当は寂しいけど、、また逢う　その日まで

エレヴァートミュージックエンターテイメントはウィンズスコアが
展開する「合唱楽譜・器楽系楽譜」を中心とした専門レーベルです。

ご注文について

エレヴァートミュージックエンターテイメントの商品は全国の楽器店、ならびに書店にてお求めになれますが、店頭でのご購入が困難な場合、当社WEBサイト・電話からのご注文で、直接ご購入が可能です。

◎**当社WEBサイトでのご注文方法**
 elevato-music.com
 上記のURLへアクセスし、オンラインショップにてご注文ください。

◎**お電話でのご注文方法**
 TEL.0120-713-771
 営業時間内に電話いただければ、電話にてご注文を承ります。

※この出版物の全部または一部を権利者に無断で複製(コピー)することは、著作権の侵害にあたり、著作権法により罰せられます。

※造本には十分注意しておりますが、万一、落丁・乱丁などの不良品がありましたらお取り替えいたします。また、ご意見・ご感想もホームページより受け付けておりますので、お気軽にお問い合わせください。